글은 부족 이름이었으며 확약을 의미합니다.

글은 되돌릴 수 없는 강한 힘입니다.

말보다 강한 것이 글입니다.

글로 내 마음과 대화하고 약속하는 여러분은 글족契族입니다.

글족 _____ 의 마음글 모음집

카페에서 여러분의 고민을 나누세요.

◀ 마음글
카페 들리기

다양한 회원용 강의를 들어보세요. (pw:5959)

◀ 마음글
유튜브 보기

나를 위한 글쓰기

마음글

Secreat Road

저자 홍수정

마음글

contents

마음글은 이렇게 시작했습니다.

마음을 치유하는 달달한 글쓰기의 줄임말입니다.

달달한 글쓰기는 달려온 시간을 돌아보며 달라진 나의 모습을 바라보는 글쓰기입니다.

마음글은 달려온 시간을 돌아보며 달라진 나의 모습을 바라보며 마음 치유하는 글쓰기입니다.

참 신기합니다.

내 마음의 아픔을 바라보기만 해도 그 아픔이 "이제 갈게!"하고 떠납니다.

그렇게 쉽게 갈 거면서 그렇게 끈질기게 나를 힘들게 했다는 말인가?

네!

끊어낼 수 없을 것 같은 '그 지긋지긋한' 감정들!

그 지겨운 일!

누군가를 미워하던 그 마음이 쉽게 떠나갑니다.

더 이상한 일은 나를 힘들게 하고 괴롭게 했던 사람과 대화를 한 것도 화해의 편지를 보낸 것도 아닌데 그 사람이 나에게 먼저 사과하고 감사한다는 사실입니다.

어떻게 그렇게 되느냐고요?

마음글이 그 일을 합니다.

모든 글이 마음 치유를 하는 것은 아닙니다.

글은 말보다 강한 힘을 가지고 있지만 마음 치유를 하고 나를 성장시키는 글은 정해진 길대로 써야 합니다.

그 길을 시크릿 로드 Secreat road 라고 이름 지었습니다.

시크릿 로드를 발견한 우연

시크릿 로드는 비밀은 아닙니다. 단지 발견하지 못했을 뿐입니다.

지독하게 우울하고, 세상에 대한 원망과 분노에 가득 찼던 어떤 사람이 견딜 수 없

이 흐르는 눈물이 싫어서 시작한 글쓰기가 그를 시크릿 로드로 데려갔습니다.

그는 글 쓰는 직업을 가졌기에 글을 썼을 뿐인데.

가슴이 답답하고 머리가 터질 것 같아서 썼을 뿐인데.

그의 슬픔과 분노와 원망은 어느새 바람처럼 휘이~ 떠나갔습니다.

몸이 붕 떠오르는 것 같은 가벼움을 느꼈습니다.

그 사람은 바로 나! 홍수정입니다.

너무 신기했습니다.

사람들 앞에서는 늘 웃었지만, 속으로는 짜증 났는데…, 혼자 있으면 찔끔찔끔 흐르던 서러운 눈물이 말끔하게 사라지고 마음도 밝아졌으니 나는 진심으로 웃을 수 있었습니다.

너무 신기했습니다. 너무 신기해서 신기하다는 말을 반복하게 됐습니다.

그래서 내가 쓴 글을 자세히 들여다보았습니다.

그리고 그 글 속에서 시크릿 로드를 발견했습니다.

부정적인 감정, 마음의 아픔을 치유하는 글은 저만의 길이 있습니다.

그 후 2년간 사람들과 '마음글'을 했습니다.

'달달한 글쓰기'라는 이름으로 '마음글'을 했습니다.

소규모 글쓰기 모임으로, 도서관 글쓰기 모임으로…….

그러는 사이 우리는 확신하게 되었습니다.

마음글의 시크릿 로드는 모든 사람을 마음 치유의 길로 데려간다.

글쓰기에 안내된 시크릿 로드에 집중해서 편안하게 글을 쓰세요.

아무도 보지 않습니다.

평가하지도 않습니다.

단지 당신의 마음을 고요한 평화로 데려갑니다.

내 마음의 나무 명상

내 마음의 나무 명상은 내 마음의 날씨를 읽는 방법입니다.

눈을 감고 미간 사이의 눈으로 내 마음의 나무를 살펴봅니다.

그 모습을 그려봅니다.

신기하게 그 나무의 모습은 가끔 변합니다.

그 나무는 심리분석을 하기 위해 그리는 것이 아닙니다.

그 나무를 내 마음이라 여기고 바라보는 것인데, 내가 머리로 알던 나의 마음과 나무의 상태는 다를 때도 있습니다.

나는 나를 있는 그대로 보기 힘듭니다.

'나'라는 존재에 대해 내가 혹은 다른 사람이 정해놓은 편견이 너무 많기 때문입니다.

그래서 나무를 관찰할 때는 카메라가 되어 촬영한다고 생각하며 판단이나 평가를 하지 않고 바라봅니다.

내 마음의 나무 명상을 처음 하는 분들은 머리로 상상한 나무를 그리게 되기도 합니다.

마음글은 느낌으로 하는 글쓰기라서 처음에는 잘 안되는 분들도 많습니다.

우리가 살아가고 있는 시대는 과학을 진리로 여기며 눈으로 본 것만 믿고 뇌의 논

리적이고 합리적인 사고만 믿기 때문입니다.

하지만 나무를 내 마음으로 여기고 반복해서 살펴보다 보면, 언제 물을 줘야 할지

알 수 있게 됩니다.

내가 몹시 힘든 상황인데도 내 마음의 나무는 푸르고 화창한 날씨 가운데 있기도

합니다.

내 마음 나무의 변화를 관찰하는 재미가 쏠쏠합니다.

포기하지 말고 마음나무를 잘 가꿔보시기 바랍니다.

주제 정하기

마음글은 마음이 힘들 때 쓰는 글입니다.

그래서 매일 쓰지 않아도 됩니다.

마음이 편안하고 스트레스가 없는 분들은 굳이 쓰지 않아도 됩니다.

마음이 힘든 분들은 주제가 쉽게 떠오릅니다.

주제가 여러 개 떠오르기도 합니다.

마음글에서는 주제를 4가지로 나눕니다.

사람들과의 관계 갈등, 분노, 슬픔, 우울!

4가지 주제는 서로 연결되어 있고 혼재되어 있지만, 글을 쓸 때 가장 강하게 느껴지는 부분을 주제로 정해서 글을 쓰면 됩니다. 위의 네 가지 주제에 준하는 작은 주제를 정해도 되고 편한 대로 문장으로 써도 됩니다.

마음글을 하다 보면 같은 어려움이 동일한 강도로 반복되지는 않습니다.

점차 가벼워지고 다른 감정이나 문제로 변하게 됩니다.

그러다 무의식의 영역에 있던 문제들이 나오면서 다른 갈등과 어려움이 생기기도 합니다.

드러나고 느껴지는 문제에 집중해서 반복적으로 마음글을 하다 보면 어느새 나를 짓누르던 감정들이 사라졌거나 아주 작아져서 통제 가능한 수준이 됩니다.

몸의 통증이나 재정적인 문제를 주제로 써도 됩니다.

그런 문제들도 부정적인 감정과 연관된 경우가 많아서 '마음글'로 완화되고 호전됩니다.

'해결하고 싶은 문제 찾아서 정리하기(부록 3)'를 활용하여 나에게 반복되는 문제 리스트를 만들고 그중에서 주제를 정해 글을 써도 됩니다.

갈등 상황 쓰기

주제를 정했다면 그 감정이나 주제에 해당하는 상황을 떠올려 글을 씁니다.

갈등상황을 쓸 때도 내가 카메라가 되어 관찰하듯이 쓰면 됩니다.

주의할 점은 그 상황에서 나와 타인의 잘잘못을 따지거나 평가해서는 안 된다는

점입니다.

우리는 편협한 기준을 진리이며 정의라고 착각할 때가 많습니다.

'내가 뭘 좀 아는 사람'이라는 생각은 아예 버리는 것이 좋습니다.

절대다수의 사람이 무엇이 진실인지 알지 못합니다.

몇 달 전 미국의 태양 탐사선 파커호는 태양의 대기권을 10차례나 들어갔었다고 합

니다.

태양은 너무 뜨거워서 가까이 가면 타버린다는 것은 사실이 아니었습니다.

우리가 진리라고 생각하는 대부분의 일들이 이런 식입니다.

당신의 상식을 끊임없이 의심하기 바랍니다.

나이가 많으니 아는 게 많고 존중받아야 한다는 생각도 포기하기 바랍니다.

지혜와 능력은 나이와 상관이 없습니다.

갈등상황에서 상대방과 내가 나눴던 대화를 쓰는 것도 좋습니다.

그렇게 하다 보면 내가 미처 몰랐던(혹은 무시했던) 감정이 발견되기도 합니다.

어떤 말을 주고받았는지 쓰고 그때 나의 느낌이나 감정은 어땠는지 기억해가며 그 느낌에 대해 집중적으로 씁니다.

갈등상황을 쓰며 어떤 감정을 발견해서 "아! 그랬었어."라고 깨달을 때 문득 떠오르는 과거의 일이 있습니다.

이것은 글이 여러분을 그 감정과 동일한 경험의 순간으로 이끌어간 것입니다.

감정에 집중해서 글을 쓰다 보면 깊은 곳에 있던 동일한 기억(무의식이나 잠재의식)을 찾아냅니다.

당신의 아픔이 언제부터 시작되었는지 알게 되는 순간입니다.

깊은 아픔은 시간이 더 걸리지만, 생각보다 금방 사라집니다.

글쓰기의 힘입니다.

마음글의 시크릿 로드를 따라가야 가능한 일입니다.

공감하기

갈등 상황 쓰기와 연상되는 장면 쓰기를 하면 여러 가지 감정과 느낌을 발견하게 됩니다.

내가 짐작한 것도 있고, "내가 이랬구나!"하고 놀라게 되는 경우도 있습니다.

감정들을 발견하기만 해도 벌써 그 무게가 줄기 시작합니다.

웃음이 나기도 합니다. 예상치 못했다는 의외성과 약간의 시원함이 뒤섞인 웃음입니다.

'픽!' 코웃음 같기도 합니다.

이런 웃음이 난다면 당신은 자신의 감정을 잘 찾아서 제대로 공감해준 것입니다.

그 순간부터 당신은 자신을 괴롭히던 무거운 감정에서 벗어나기 시작합니다.

왜 그렇게 변화되는지 원리를 이해하지 못해도 결과는 똑같습니다.

슬프고, 화나고, 수치스럽고, 숨고 싶었던 그때의 그 감정들을 발견하고 인정하고, 공감하는 순간.

당신은 자유로워지기 시작합니다.

축하합니다.

이런 느낌을 경험했다면 당신은 자신이 원하는 모습으로 변화되기 시작한 것입니다.

그리고 계단을 올라가듯이 성장하기 시작했습니다.

이쯤 되면 마음글을 사랑하는 마음이 들기 시작합니다.

그리고 핵심을 터득한 것이기도 합니다.

마음의 무게를 재본다면 무게가 확 줄어있는 것을 알 수 있습니다.

한 번 더 축하합니다.

당신을 둘러싼 환경도 당신이 원하는 대로 변하기 시작할 것입니다.

감사하기

마음글의 감사하기가 특별한 점은 '나에게 감사하는 것'을 가장 중요하게 여긴다는 것입니다.

타인에게 감사한 일은 쉽게 찾아집니다. 그런데 왜 나에게 감사하라고 하면 다들 나의 부족한 점을 떠올릴까요? 그리고 더 잘해야지! 그럽니다.

당신은 잘하고 있어요.

제발 당신 자신을 인정하고, 칭찬해주세요.

한국 사람들은 자신에게 혹독하고 야박한 편입니다.

엄청나게 일을 많이 하고 다른 사람을 위해 희생하면서도 자신이 못났다고 생각합니다.

비교를 하다 보니 그런 것 같기도 합니다.

'잘한다'의 기준도 검토해봐야 합니다.

학생이 잠을 많이 자면 잘못하는 건가요? 그런 줄 알았는데, 잠을 많이 자야 학습

한 것을 잘 기억하고 오래 기억하고, 키도 많이 큰다고 합니다. 잠을 많이 자는 학생

이 공부도 잘한다는 거죠. 잠을 충분히 자는 학생이 잘하는 겁니다.

이렇게 우리의 상식을 뒤집는 사실이 많이 발견되고 있습니다.

그러니 우리의 상식을 끊임없이 의심해주세요.

내가 못났다고 판단하는 기준은 대부분 사회의 편견입니다.

주입된 고정관념입니다.

우리 하나하나는 모두 고유한 개성이 있고, 그것은 높고 낮은 게 아니라 그저 다른

것입니다.

사회의 편협한 기준으로 나를 깎아내리지 마세요.

착한 분들이 주눅 들어 지내는 모습을 많이 보게 됩니다.

자기 내면에 있는 보석을 스스로 찾아내고 간탄해주세요.

다른 사람보다 잘하는 일 한가지! 심지어 아무도 할 수 없는 일 한 가지를 당신이

할 수도 있습니다.

자신의 소중한 가치가 무엇인지 꼭 찾아주세요.

함께 감탄할 준비 하고 있겠습니다.

기대됩니다.

당신은 빛나는 존재입니다.

세상은 나를 비추는 거울이다

마음글의 모든 페이지에 이 말이 새겨져 있습니다.

'세상은 나를 비추는 거울이다.'

이 말은 나를 변화시키는 핵심적인 생각입니다.

나를 힘들게 하는 모든 관계, 감정, 일, 상황, 건강, 돈!

이것들이 모두 내 모습이라는 사실을 받아들일 수 있나요? 나는 인정할 수 없었습니다.

그런데 지금은 인정합니다.

마음글을 하며 나를 힘들게 했던 모든 것들에게서 나의 모습을 찾을 수 있었습니다. 발견하는 모든 순간 "피식!"하고 또 코웃음 같은 가벼운 웃음이 납니다. 그 순간의 시원함을 여러분도 경험할 겁니다. 꼭 경험해야 합니다.

그러면서 나를 둘러싼 적들(?)을 이해하고 사랑할 수 있게 변했습니다.

사랑이라는 것은 그저 있는 그대로 인정하고 받아들이는 것입니다.

남녀 간의 사랑, 집착, 희생. 그런 것이 아닙니다.

그러자 주변 환경과 사람들도 나를 사랑하는 것 같습니다.

모두 나를 도와주려 하고, 우호적입니다.

내 주변에 친절한 사람이 많다면 마음을 잘 쓰는 사람입니다.

이 원리를 이해하지 않아도 마음글을 쓰는 이들의 결과와 상황은 동일합니다.

변화되는 속도는 차이가 날 수 있습니다.

쉽게 예를 들어보면 우리나라 사자성어에 '유유상종'이라는 말이 있습니다. '초록은 동색이다.'는 말도 있습니다.

그 정도로만 이해해도 여러분은 변화합니다.

세상은 나를 비추는 거울이다. 이것은 진실이다.

우리는 오늘도 그렇게 세상을 창조하고 있는 것입니다.

긍정적인 사고방식

여러 명상 프로그램이나 유명한 분들의 강의에서 항상 언급되는 '긍정적인 사고'에 대해 생각해봅시다.

강사님들은 대중에게 '긍정적으로 생각하라' '행복을 선택하라'고 하는데 그게 잘

되나요?

잘 안됩니다. 나에게 최면을 걸어도 최면이 자꾸 풀립니다.

내 마음이 내 마음대로 안 되기 때문에 우리가 힘든 건데, 그 마음을 마음대로 바꾸라고 강사님들도 안되는 걸 청중들에게 하라고 하시다니요?

너무 하시는 것 아닌가요?

'긍정'이라는 말의 뜻에 대해 채정호(가톨릭대 정신의학과 교수/긍정학교 교장)님은 이렇게 정의합니다.

> "긍정은 있는 그대로를 인정하는 것이다. 좋게 본다는 뜻이 아니다.
>
> 좋지 않은데 좋게 보는 것은 왜곡을 넘어 망상이다"

공감이 가는 정의입니다.

억지로 좋게 보려는 것은 매우 큰 잘못입니다. 그런 행동이 나와 주변 사람을 가두고 자유를 박탈하는 무서운 결과를 초래합니다.

억지로 웃어서는 안 됩니다.

'긍정적인 사고', '희망 품기'에 대해 한 가지 더 살펴보겠습니다.

'스톡데일 패러독스'라는 것이 있습니다.

스톡데일은 베트남전에 참전했던 미국의 장교입니다. 그는 하노이의 포로수용소에

서 8년간 수감되었다 풀려났습니다. 함께 포로 생활을 했던 미군들은 대다수가 사

망했고 소수만 살아 돌아왔습니다.

스톡데일은 살아남을 수 있었던 이유에 대해 이렇게 말했습니다.

"저는 언젠가 그곳을 나갈 수 있을 거라는 믿음을 버리지 않았을 뿐만 아니라 더

나아가 당시의 상황이 무엇과도 바뀌지 않을 제 삶의 소중한 경험이 될 것임을 의

심한 적도 없습니다." 위키백과 / GOOD TO GREAT (제임스 콜린스 저)

포로수용소에서 살아남지 못한 사람들에 대해 <GOOD TO GREAT>의 저자 제임스 콜린스가 묻자 스톡데일은 이렇게 대답했습니다.

"불필요하게 상황을 낙관한 사람들이었습니다. 그런 사람들은 크리스마스 전에는 나갈 수 있을 거라고 믿다가 크리스마스가 지나면 부활절이 되기 전에는 석방될 거라고 믿음을 이어 나가고 부활절이 지나면 추수감사절 이전엔 나가게 될 거라고 또 믿지만 그렇게 다시 크리스마스를 맞고 반복되는 상실감에 결국 죽게 됩니다. 이건 아주 중요한 교훈인데요. 당신이 절대 잃을 수 없는 마침내 이기겠다는 믿음과 그것들이 무엇이든지 지금 현실의 가장 가혹한 사실들을 직시하는 훈련을 당신이 절대로 혼동하면 안 됩니다." 위키백과 / GOOD TO GREAT (제임스 콜린스 저)

스톡데일은 중요한 세 가지를 말하고 있습니다.

첫째. 죽을 것 같은 절망 속에서도 나의 삶은 무엇과도 바꿀 수 없을 만큼 소중했다.

둘째. 언젠가 포로수용소를 나갈 것이라는 희망을 버린 적이 없다.

셋째. 근거 없는 낙관을 하지 않았다.

마음글에게도 소중한 교훈입니다.

제임스 콜린스는 스톡데일의 발언을 토대로 스톡데일 패러독스라는 명칭을 만들었습니다. 투자자와 경영자들의 처세로 유용하고 중요하다고 평가하고 있습니다. 한국에서도 스톡데일 패러독스는 경영자, 투자자들 사이에서 회자되고 있는 교훈입니다.

그런데 스톡데일의 교훈은 경영이 아니라 삶에 관한 통찰입니다.

마음글은 스톡데일 장군의 통찰에 깊이 공감합니다.

특히 근거 없는 낙관은 죽음으로 가는 지름길이라는 부분이 마음에 쏙 들어옵니다.

억지로 웃지 마세요.

슬프고, 수치스러운 내 마음을 억지웃음으로 덮지 마세요.

마음글은 억지웃음과 포장지들을 걷어내는 작업입니다.

마음이 내는 소리를 그냥 들어주세요. 아무것도 하지 말고 그냥 들어주세요.

그러면 무거운 감정들은 스스로 떠나고 당신은 자유를 얻게 됩니다.

나는 우물 안의 개구리가 아닌가요?

코페르니쿠스와 갈릴레이 갈릴레오가 "지구가 돈다"라고 했을 때 사람들이 어떻게 했는지 아시지요?

그들은 재판을 받고 사형당할 뻔했습니다.

그들이 반박하는 논리 중에는 신성모독과 더불어

"지구가 돈다면 거꾸로 되었을 때 사람이 떨어질 것이 아니냐? 떨어지지 않으니 지

구가 돈다는 것은 사실이 아니다."

였습니다.

그 시대 사람들의 상식에서 반론한 겁니다.

지금 들어보면 반론이 말도 안 되고 웃음이 날 정도입니다.

그런데 그 시대 사람들은 한결같이 교황청의 반론을 지지하고 믿었습니다.

헬리코박터균이 사람 장 속에 살고 있다는 사실을 발견한 과학자들은 수십 년간

논문을 발표하지 못했습니다.

어느 학술지에서도 '그런 터무니 없는 이론을 개재할 수 없기 때문'이었습니다.

그들의 반론 중 하나는 "인간의 위는 강산성인데 생명체가 어떻게 살아남을 수 있

느냐."는 것이었고 대부분의 과학자들은 그 반론을 인정했습니다. 1979년의 일입니다. 그 당시의 과학 상식으로 판단한 것이지요.

그런데 2005년 베리 마셜 박사는 헬리코박터균 연구로 노벨상을 받았습니다.

2022년 현재. 사람들은 장 속에 유익균인 헬리코박터를 키우기 위해 비싼 유산균을 사 먹고 있습니다.

과거의 사례 외에도 우리가 진리라고 믿고 있는 명제들이 180도 뒤집히는 일이 많습니다.

과학전문지 등을 살펴보면 일주일 사이에도 깜짝 놀랄 반전이 비일비재합니다.

그러니 우리는 "무엇을 안다.", "진리는 이것이다.", "내가 아는 것이 맞다." 이런 생각을 아예 버리는 것이 좋습니다.

고집쟁이들은 우물 안의 개구리가 될 수밖에 없습니다. 내가 안다고 생각하는 모든 것은 미신입니다.

마음을 활짝 열고, 귀를 활짝 열고 아무런 판단 없이 듣는 연습을 해야 합니다.

특히 내 마음에서 들려오는 소리를 아무런 판단도 하지 말고 그냥 듣고 고개를 끄덕여야 합니다.

그래야 진실에 한 걸음 더 빨리 다가갈 수 있습니다.

용기를 내세요.

'혼자 고요한 시간에 마음의 소리를 듣는 것'이니 당신을 평가하고 손가락질할 사람은 없습니다.

조용한 시간에 마음글하면서 마음의 소리를 들어보세요.

흔들리지 않는 자신감이 내면에 가득 쌓일 겁니다.

이제 시크릿 로드를 따라가는 마음글을 시작하겠습니다.

첫걸음은 서툴겠지만 길을 따라가기만 하면 목적지에 갈 수 있게 됩니다.

안내 표지판이 잘 되어 있으니 안전하게 마음이 평화로워지는 그 길을 떠나보세요.

길을 떠날 때 가장 좋아하는 펜을 준비하세요.

1

용기를 내세요. 마음글 문 열기

내 마음의 나무 그리기

내 마음의 나무를 그려보겠습니다.

떠오르는 나무의 모습을 간단하고 단순하게 그려주세요.

잘 그리려고 애쓰지 마세요.

이 나무는 어디에 사는 나무일까요?

나무의 이름은 무엇일까요? 이름을 써주세요.

나무는 몇 살일까요? 나이도 써주세요.

내 마음의 나무는 내 마음의 날씨를 알려줍니다.

내 마음의 나무가 잘 있는지 자주 명상 해주세요.

{ }

내 마음의 날씨

내 마음의 날씨 명상을 하겠습니다.

그려놓았던 내 마음 나무의 모습을 한 번 보세요.

그리고 눈을 감겠습니다.

눈썹과 눈썹 사이에 눈이 하나 더 있다고 상상하세요.

그 눈은 마음의 눈입니다.

마음의 눈은 카메라가 되어 내 나무가 있는 숲의 하늘을 날아갑니다.

내 나무는 어디 있을까요?

찾아보세요.

찾은 분들은 줌인해서 내 나무에게 가까이 가 보겠습니다.

나무를 눈썹 사이에 있는 마음의 눈 카메라로 관찰하겠습니다.

나무의 모양은 어떤가요?

어떤 색인가요?

주변의 날씨는 어떤가요?

나무의 기분은 어떤가요?

관찰해 주시고 느껴주세요.

2분간 관찰하고 느껴보겠습니다.

이제 눈을 뜨겠습니다.

내 마음의 나무는 잘 있나요?

변화된 모습이 있다면 그림으로 그려 주시고

나무의 기분이나 주변 날씨는 내 마음의 날씨에 써주세요.

그림으로 그리셔도 좋습니다.

주제정하기

나를 힘들게 했던 사건이나 사람이 있다면 주제로 정해서 씁니다.

주제가 떠오르지 않는다면 상황 서술하기로 넘어가셔도 됩니다.

주제는 해결하고 싶은 문제들 중에 하나로 정하셔도 됩니다.

평소에 해결하기 어려운(체념하거나 포기한) 문제들을 주제로 글을 써도 좋아요.

갈등 상황 쓰기

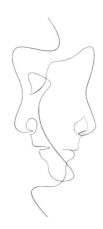

나를 힘들게 했었던 감정과 관련된 상황을 떠올려보시고

그 상황에 대해서 구체적으로 서술하겠습니다.

5분간 쓰겠습니다.

내가 어떤 말을 했는지, 상대방은 어떤 말을 했는지...

어떤 일이 있었는지 구체적으로 쓰세요

단, 상대방의 잘못을 탓하는 글은 쓰지 마세요.

혹은 당신이 잘못했다고 탓하고 후회하는 내용도 쓰지 마세요.

그 상황에서 나의 기분은 어땠는지 나의 감정을 찾는데 집중하면서 쓰세요.

상대방이 말할 때 나의 마음은 어땠는지 생각하면서

그 마음에 집중해서 글로 써주세요.

연상되는 장면 쓰기

갈등이 있던 일에 대해 쓰다가

연상되는 과거의 사건이 떠오르면

연상되는 사건이나 느낌에 대해 써보세요.

그때 느꼈던 감정과 기분이 어땠는지 써보세요.

몸의 통증이 느껴지면 통증이 어떻게 느껴지는지 묘사하면서 관찰하고

그 느낌을 써보세요.

5분간 쓰겠습니다.

공감하기

지금까지 쓰신 글 중에서 내 감정이 드러난 형용사나 표현을 찾아서

동그라미를 그리고 밑줄을 치세요.

이제 당신의 이름을 부르면서

"OO야! 네가 이렇게 화가 났었구나

혹은

OO야! 슬펐구나"라고 공감의 글을 써주세요.

내가 그런 감정을 느꼈다는 사실을 무시했다면 니에게 사과하세요.

"OO! 미안하다"라고 이름을 부르면서 사과하는 글을 써주세요.

감사하기

이렇게 쓰다 보니 어려운 일이 있었는데도

내가 비교적 잘 버티고 있었다는 생각이 듭니다.

내가 많이 참고 노력을 했습니다.

나를 칭찬해 주세요...

이름을 부르며 칭찬하는 글을 써주세요.

칭찬할 일이 떠오르지 않는다면 나의 장점을 인정해 주세요.

그리고 나에게 감사하다는 말을 글로 써주세요.

○○야! 네가 잠이 참 많은 사람인데,

새벽에 일어나 준비를 해줘서 일이 잘 해결됐어.

너는 한다면 하는 사람이구나. 정말 고마워!

이런 식으로 사소한 일이라도 칭찬하는 글, 감사의 글을 써주세요.

진심에서 나오는 감사를 했다면 가슴이 찡해질 거예요.

가슴이 찡해지도록 나에게 감사해 주세요.

이름을 부르며 다시 한번 감사의 글을 써 주세요.

나를 도와준 사람들도 있을 거예요.

그 사람들이 생각난다면 그분들에게 감사하세요.

감사한다고 이름이나 호칭을 부르며 글로 쓰세요.

나를 힘들게 했던 사람도

자세히 살펴보면 잘하는 일이 있고

칭찬할 부분이 있을 거예요. 분명히 있어요.

심지어 나를 도와준 적이 있을 수 있어요.

그런 경우가 있었다면 그 사람에게 감사하세요.

감사하는 마음이 생기지 않는다면

그 사람의 장점을 인정하고 칭찬해 주세요.

이름이나 호칭을 부르며 칭찬하는 글을 써주세요.

이렇게 고마운 분들도 많고 나도 참 잘했습니다.

{ }

비우기

이제 다시 내 감정의 무게를 느껴보겠습니다.

처음에 나를 힘들게 했었던 마음의 짐은 몇 Kg이었는지 확인하시고,

지금은 마음의 무게가 얼마나 줄었는지 느껴보고 써보겠습니다.

많이 줄었나요?

덜어낸 감정을 바람에 실어 히말라야산으로 날려보세요.

바다로 보내고 싶은 분들은 배에 실어서 강이나 바다로 멀리멀리 보내세요.

감정을 풍선에 실어 날려보내고 터뜨려보세요.

덜어낸 무게만큼 당신의 마음은 가벼워지고 밝아졌습니다.

나와 갈등하던 사람을 대하기가 한결 편안해질 거예요.

오늘도 참 잘하셨습니다.

{ }

선물하기

감사한 분들에게 선물을 주는 시간입니다.

가장 먼저 나에게 감사의 선물을 보내세요.

상자에 선물의 이름을 쓰거나 그림으로 모양을 그리세요.

수신자는 누구인지

언제 받을지

사용법도 설명해 주세요.

2

내 마음의 나무가
보이는 마음글

내 마음의 나무 그리기

내 마음의 나무를 그려보겠습니다.

떠오르는 나무의 모습을 간단하고 단순하게 그려주세요.

잘 그리려고 애쓰지 마세요.

이 나무는 어디에 사는 나무일까요?

나무의 이름은 무엇일까요? 이름을 써주세요.

나무는 몇 살일까요? 나이도 써주세요.

내 마음의 나무는 내 마음의 날씨를 알려줍니다.

내 마음의 나무가 잘 있는지 자주 명상 해주세요.

내 마음의 날씨

내 마음의 날씨 명상을 하겠습니다.

그려놓았던 내 마음 나무의 모습을 한 번 보세요.

그리고 눈을 감겠습니다.

눈썹과 눈썹 사이에 눈이 하나 더 있다고 상상하세요.

그 눈은 마음의 눈입니다.

마음의 눈은 카메라가 되어 내 나무가 있는 숲의 하늘을 날아갑니다.

내 나무는 어디 있을까요?

찾아보세요.

찾은 분들은 줌인해서 내 나무에게 가까이 가 보겠습니다.

나무를 눈썹 사이에 있는 마음의 눈 카메라로 관찰하겠습니다.

나무의 모양은 어떤가요?

어떤 색인가요?

주변의 날씨는 어떤가요?

나무의 기분은 어떤가요?

관찰해 주시고 느껴주세요.

2분간 관찰하고 느껴보겠습니다.

이제 눈을 뜨겠습니다.

내 마음의 나무는 잘 있나요?

변화된 모습이 있다면 그림으로 그려 주시고

나무의 기분이나 주변 날씨는 내 마음의 날씨에 써주세요.

그림으로 그리셔도 좋습니다.

주제정하기

나를 힘들게 했던 사건이나 사람이 있다면 주제로 정해서 씁니다.

주제가 떠오르지 않는다면 상황 서술하기로 넘어가셔도 됩니다.

주제는 해결하고 싶은 문제들 중에 하나로 정하셔도 됩니다.

평소에 해결하기 어려운(체념하거나 포기한) 문제들을 주제로 글을 써도 좋아요.

갈등 상황 쓰기

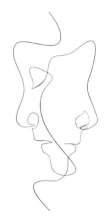

나를 힘들게 했었던 감정과 관련된 상황을 떠올려보시고

그 상황에 대해서 구체적으로 서술하겠습니다.

5분간 쓰겠습니다.

내가 어떤 말을 했는지, 상대방은 어떤 말을 했는지...

어떤 일이 있었는지 구체적으로 쓰세요

단, 상대방의 잘못을 탓하는 글은 쓰지 마세요.

혹은 당신이 잘못했다고 닷하고 후회하는 내용도 쓰지 마세요.

그 상황에서 나의 기분은 어땠는지 나의 감정을 찾는데 집중하면서 쓰세요.

상대방이 말할 때 나의 마음은 어땠는지 생각하면서

그 마음에 집중해서 글로 써주세요.

연상되는 장면 쓰기

갈등이 있던 일에 대해 쓰다가

연상되는 과거의 사건이 떠오르면

연상되는 사건이나 느낌에 대해 써보세요.

그때 느꼈던 감정과 기분이 어땠는지 써보세요.

몸의 통증이 느껴지년 동증이 이떻게 느꺼지는지 묘사하면서 관찰하고

그 느낌을 써보세요.

5분간 쓰겠습니다.

{ }

공감하기

지금까지 쓰신 글 중에서 내 감정이 드러난 형용사나 표현을 찾아서

동그라미를 그리고 밑줄을 치세요.

이제 당신의 이름을 부르면서

"OO야! 네가 이렇게 화가 났었구나

혹은

OO야! 슬펐구나"라고 공감의 글을 써주세요.

내가 그런 감정을 느꼈다는 사실을 무시했다면 나에게 사과하세요.

"OO! 미안하다"라고 이름을 부르면서 사과하는 글을 써주세요.

감사하기

이렇게 쓰다 보니 어려운 일이 있었는데도

내가 비교적 잘 버티고 있었다는 생각이 듭니다.

내가 많이 참고 노력을 했습니다.

나를 칭찬해 주세요...

이름을 부르며 칭찬하는 글을 써주세요.

칭찬할 일이 떠오르지 않는다면 나의 장점을 인정해 주세요.

그리고 나에게 감사하다는 말을 글로 써주세요.

○○야! 네가 잠이 참 많은 사람인데,

새벽에 일어나 준비를 해줘서 일이 잘 해결됐어.

너는 한다면 하는 사람이구나. 정말 고마워!

이런 식으로 사소한 일이라도 칭찬하는 글, 감사의 글을 써주세요.

진심에서 나오는 감사를 했다면 가슴이 찡해질 거예요.

가슴이 찡해지도록 나에게 감사해 주세요.

이름을 부르며 다시 한번 감사의 글을 써 주세요.

나를 도와준 사람들도 있을 거예요.

그 사람들이 생각난다면 그분들에게 감사하세요.

감사한다고 이름이나 호칭을 부르며 글로 쓰세요.

나를 힘들게 했던 사람도

자세히 살펴보면 잘하는 일이 있고

칭찬할 부분이 있을 거예요. 분명히 있어요.

심지어 나를 도와준 적이 있을 수 있어요.

그런 경우가 있었다면 그 사람에게 감사하세요.

감사하는 마음이 생기지 않는다면

그 사람의 장점을 인정하고 칭찬해 주세요.

이름이나 호칭을 부르며 칭찬하는 글을 써주세요.

이렇게 고마운 분들도 많고 나도 참 잘했습니다.

비우기

이제 다시 내 감정의 무게를 느껴보겠습니다.

처음에 나를 힘들게 했었던 마음의 짐은 몇 Kg이었는지 확인하시고,

지금은 마음의 무게가 얼마나 줄었는지 느껴보고 써보겠습니다.

많이 줄었나요?

덜어낸 감정을 바람에 실어 히말라야산으로 날려보세요.

바다로 보내고 싶은 분들은 배에 실어서 강이나 바다로 멀리멀리 보내세요.

감정을 풍선에 실어 날려보내고 터뜨려보세요.

덜어낸 무게만큼 당신의 마음은 가벼워지고 밝아졌습니다.

나와 갈등하던 사람을 대하기가 한결 편안해질 거예요.

오늘도 참 잘하셨습니다.

선물하기

감사한 분들에게 선물을 주는 시간입니다.

가장 먼저 나에게 감사의 선물을 보내세요.

상자에 선물의 이름을 쓰거나 그림으로 모양을 그리세요.

수신자는 누구인지

언제 받을지

사용법도 설명해 주세요.

3

내 마음의 소리가
들리는 마음글

내 마음의 나무 그리기

내 마음의 나무를 그려보겠습니다.

떠오르는 나무의 모습을 간단하고 단순하게 그려주세요.

잘 그리려고 애쓰지 마세요.

이 나무는 어디에 사는 나무일까요?

나무의 이름은 무엇일까요? 이름을 써주세요.

나무는 몇 살일까요? 나이도 써주세요.

내 마음의 나무는 내 마음의 날씨를 알려줍니다.

내 마음의 나무가 잘 있는지 자주 명상 해주세요.

내 마음의 날씨

내 마음의 날씨 명상을 하겠습니다.

그려놓았던 내 마음 나무의 모습을 한 번 보세요.

그리고 눈을 감겠습니다.

눈썹과 눈썹 사이에 눈이 하나 더 있다고 상상하세요.

그 눈은 마음의 눈입니다.

마음의 눈은 카메라가 되어 내 나무가 있는 숲의 하늘을 날아갑니다.

내 나무는 어디 있을까요?

찾아보세요.

찾은 분들은 줌인해서 내 나무에게 가까이 가 보겠습니다.

나무를 눈썹 사이에 있는 마음의 눈 카메라로 관찰하겠습니다.

나무의 모양은 어떤가요?

어떤 색인가요?

주변의 날씨는 어떤가요?

나무의 기분은 어떤가요?

관찰해 주시고 느껴주세요.

2분간 관찰하고 느껴보겠습니다.

이제 눈을 뜨겠습니다.

내 마음의 나무는 잘 있나요?

변화된 모습이 있다면 그림으로 그려 주시고

나무의 기분이나 주변 날씨는 내 마음의 날씨에 써주세요.

그림으로 그리셔도 좋습니다.

{ }

주제정하기

나를 힘들게 했던 사건이나 사람이 있다면 주제로 정해서 씁니다.

주제가 떠오르지 않는다면 상황 서술하기로 넘어가셔도 됩니다.

주제는 해결하고 싶은 문제들 중에 하나로 정하셔도 됩니다.

평소에 해결하기 어려운(체념하거나 포기한) 문제들을 주제로 글을 써도 좋아요.

세상은 나를 비추는 거울이다.

갈등 상황 쓰기

나를 힘들게 했었던 감정과 관련된 상황을 떠올려보시고

그 상황에 대해서 구체적으로 서술하겠습니다.

5분간 쓰겠습니다.

내가 어떤 말을 했는지, 상대방은 어떤 말을 했는지...

어떤 일이 있었는지 구체적으로 쓰세요

단, 상대방의 잘못을 탓하는 글은 쓰지 마세요.

혹은 당신이 잘못했다고 탓하고 후회하는 내용도 쓰지 마세요.

그 상황에서 나의 기분은 어땠는지 나의 감정을 찾는데 집중하면서 쓰세요.

상대방이 말할 때 나의 마음은 어땠는지 생각하면서

그 마음에 집중해서 글로 써주세요.

이것은 진실이다.

연상되는 장면 쓰기

갈등이 있던 일에 대해 쓰다가

연상되는 과거의 사건이 떠오르면

연상되는 사건이나 느낌에 대해 써보세요.

그때 느꼈던 감정과 기분이 어땠는지 써보세요.

몸의 통증이 느껴지면 통증이 어떻게 느껴지는지 묘사하면서 관찰하고

그 느낌을 써보세요.

5분간 쓰겠습니다.

공감하기

지금까지 쓰신 글 중에서 내 감정이 드러난 형용사나 표현을 찾아서

동그라미를 그리고 밑줄을 치세요.

이제 당신의 이름을 부르면서

"OO야! 네가 이렇게 화가 났었구나

혹은

OO야! 슬펐구나"라고 공감의 글을 써주세요.

내가 그런 감정을 느꼈다는 사실을 무시했다면 나에게 사과하세요.

"OO! 미안하다"라고 이름을 부르면서 사과하는 글을 써주세요.

{ }

감사하기

이렇게 쓰다 보니 어려운 일이 있었는데도

내가 비교적 잘 버티고 있었다는 생각이 듭니다.

내가 많이 참고 노력을 했습니다.

나를 칭찬해 주세요...

이름을 부르며 칭찬하는 글을 써주세요.

칭찬할 일이 떠오르지 않는다면 나의 장점을 인정해 주세요.

그리고 나에게 감사하다는 말을 글로 써주세요.

○○야! 네가 잠이 참 많은 사람인데,

새벽에 일어나 준비를 해줘서 일이 잘 해결됐어.

너는 한다면 하는 사람이구나. 정말 고마워!

이런 식으로 사소한 일이라도 칭찬하는 글, 감사의 글을 써주세요.

진심에서 나오는 감사를 했다면 가슴이 찡해질 거예요.

가슴이 찡해지도록 나에게 감사해 주세요.

이름을 부르며 다시 한번 감사의 글을 써 주세요.

나를 도와준 사람들도 있을 거예요.

그 사람들이 생각난다면 그분들에게 감사하세요.

감사한다고 이름이나 호칭을 부르며 글로 쓰세요.

나를 힘들게 했던 사람도

자세히 살펴보면 잘하는 일이 있고

칭찬할 부분이 있을 거예요. 분명히 있어요.

심지어 나를 도와준 적이 있을 수 있어요.

그런 경우가 있었다면 그 사람에게 감사하세요.

감사하는 마음이 생기지 않는다면

그 사람의 장점을 인정하고 칭찬해 주세요.

이름이나 호칭을 부르며 칭찬하는 글을 써주세요.

이렇게 고마운 분들도 많고 나도 참 잘했습니다.

{ }

비우기

이제 다시 내 감정의 무게를 느껴보겠습니다.

처음에 나를 힘들게 했었던 마음의 짐은 몇 Kg이었는지 확인하시고,

지금은 마음의 무게가 얼마나 줄었는지 느껴보고 써보겠습니다.

많이 줄었나요?

덜어낸 감정을 바람에 실어 히말라야산으로 날려보세요.

바다로 보내고 싶은 분들은 배에 실어서 강이나 바다로 멀리멀리 보내세요.

감정을 풍선에 실어 날려보내고 터뜨려보세요.

덜어낸 무게만큼 당신의 마음은 가벼워지고 밝아졌습니다.

나와 갈등하던 사람을 대하기가 한결 편안해질 거예요.

오늘도 참 잘하셨습니다.

{ }

선물하기

감사한 분들에게 선물을 주는 시간입니다.

가장 먼저 나에게 감사의 선물을 보내세요.

상자에 선물의 이름을 쓰거나 그림으로 모양을 그리세요.

수신자는 누구인지

언제 받을지

사용법도 설명해 주세요.

{ }

4

나에게 감사하는
마음글

내 마음의 나무 그리기

내 마음의 나무를 그려보겠습니다.

떠오르는 나무의 모습을 간단하고 단순하게 그려주세요.

잘 그리려고 애쓰지 마세요.

이 나무는 어디에 사는 나무일까요?

나무의 이름은 무엇일까요? 이름을 써주세요.

나무는 몇 살일까요? 나이도 써주세요.

내 마음의 나무는 내 마음의 날씨를 알려줍니다.

내 마음의 나무가 잘 있는지 자주 명상 해주세요.

내 마음의 날씨

내 마음의 날씨 명상을 하겠습니다.

그려놓았던 내 마음 나무의 모습을 한 번 보세요.

그리고 눈을 감겠습니다.

눈썹과 눈썹 사이에 눈이 하나 더 있다고 상상하세요.

그 눈은 마음의 눈입니다.

마음의 눈은 카메라가 되어 내 나무가 있는 숲의 하늘을 날아갑니다.

내 나무는 어디 있을까요?

찾아보세요.

찾은 분들은 줌인해서 내 나무에게 가까이 가 보겠습니다.

나무를 눈썹 사이에 있는 마음의 눈 카메라로 관찰하겠습니다.

나무의 모양은 어떤가요?

어떤 색인가요?

주변의 날씨는 어떤가요?

나무의 기분은 어떤가요?

관찰해 주시고 느껴주세요.

2분간 관찰하고 느껴보겠습니다.

이제 눈을 뜨겠습니다.

내 마음의 나무는 잘 있나요?

변화된 모습이 있다면 그림으로 그려 주시고

나무의 기분이나 주변 날씨는 내 마음의 날씨에 써주세요.

그림으로 그리셔도 좋습니다.

주제정하기

나를 힘들게 했던 사건이나 사람이 있다면 주제로 정해서 씁니다.

주제가 떠오르지 않는다면 상황 서술하기로 넘어가셔도 됩니다.

주제는 해결하고 싶은 문제들 중에 하나로 정하셔도 됩니다.

평소에 해결하기 어려운(체념하거나 포기한) 문제들을 주제로 글을 써도 좋아요.

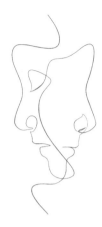

갈등 상황 쓰기

나를 힘들게 했었던 감정과 관련된 상황을 떠올려보시고

그 상황에 대해서 구체적으로 서술하겠습니다.

5분간 쓰겠습니다.

내가 어떤 말을 했는지, 상대방은 어떤 말을 했는지...

어떤 일이 있었는지 구체적으로 쓰세요

단, 상대방의 잘못을 탓하는 글은 쓰지 마세요.

혹은 당신이 잘못했다고 탓하고 후회하는 내용도 쓰지 마세요.

그 상황에서 나의 기분은 어땠는지 나의 감정을 찾는데 집중하면서 쓰세요.

상대방이 말할 때 나의 마음은 어땠는지 생각하면서

그 마음에 집중해서 글로 써주세요.

{ }

연상되는 장면 쓰기

갈등이 있던 일에 대해 쓰다가

연상되는 과거의 사건이 떠오르면

연상되는 사건이나 느낌에 대해 써보세요.

그때 느꼈던 감정과 기분이 어땠는지 써보세요.

몸의 통증이 느껴지면 통증이 어떻게 느껴지는지 묘사하면서 관찰하고

그 느낌을 써보세요.

5분간 쓰겠습니다.

{ }

공감하기

지금까지 쓰신 글 중에서 내 감정이 드러난 형용사나 표현을 찾아서

동그라미를 그리고 밑줄을 치세요.

이제 당신의 이름을 부르면서

"OO야! 네가 이렇게 화가 났었구나

혹은

OO야! 슬펐구나"라고 공감의 글을 써주세요.

내가 그런 감정을 느꼈다는 사실을 무시했다면 나에게 사과하세요.

"OO! 미안하나"라고 이름을 부르면서 사과하는 글을 써주세요.

감사하기

이렇게 쓰다 보니 어려운 일이 있었는데도

내가 비교적 잘 버티고 있었다는 생각이 듭니다.

내가 많이 참고 노력을 했습니다.

나를 칭찬해 주세요...

이름을 부르며 칭찬하는 글을 써주세요.

칭찬할 일이 떠오르지 않는다면 나의 장점을 인정해 주세요.

그리고 나에게 감사하다는 말을 글로 씨주세요.

○○야! 네가 잠이 참 많은 사람인데,

새벽에 일어나 준비를 해줘서 일이 잘 해결됐어.

너는 한다면 하는 사람이구나. 정말 고마워!

이런 식으로 사소한 일이라도 칭찬하는 글, 감사의 글을 써주세요.

진심에서 나오는 감사를 했다면 가슴이 찡해질 거예요.

가슴이 찡해지도록 나에게 감사해 주세요.

이름을 부르며 다시 한번 감사의 글을 써 주세요.

나를 도와준 사람들도 있을 거예요.

그 사람들이 생각난다면 그분들에게 감사하세요.

감사한다고 이름이나 호칭을 부르며 글로 쓰세요.

나를 힘들게 했던 사람도

자세히 살펴보면 잘하는 일이 있고

칭찬할 부분이 있을 거예요. 분명히 있어요.

심지어 나를 도와준 적이 있을 수 있어요.

그런 경우가 있었다면 그 사람에게 감사하세요.

감사하는 마음이 생기지 않는다면

그 사람의 장점을 인정하고 칭찬해 주세요.

이름이나 호칭을 부르며 칭찬하는 글을 써주세요.

이렇게 고마운 분들도 많고 나도 참 잘했습니다.

{ }

비우기

이제 다시 내 감정의 무게를 느껴보겠습니다.

처음에 나를 힘들게 했었던 마음의 짐은 몇 Kg이었는지 확인하시고,

지금은 마음의 무게가 얼마나 줄었는지 느껴보고 써보겠습니다.

많이 줄었나요?

덜어낸 감정을 바람에 실어 히말라야산으로 날려보세요.

바다로 보내고 싶은 분들은 배에 실어서 강이나 바다로 멀리멀리 보내세요.

감정을 풍선에 실어 날려보내고 터뜨려보세요.

덜어낸 무게만큼 당신의 마음은 가벼워지고 밝아졌습니다.

나와 갈등하던 사람을 대하기가 한결 편안해질 거예요.

오늘도 참 잘하셨습니다.

선물하기

감사한 분들에게 선물을 주는 시간입니다.

가장 먼저 나에게 감사의 선물을 보내세요.

상자에 선물의 이름을 쓰거나 그림으로 모양을 그리세요.

수신자는 누구인지

언제 받을지

사용법도 설명해 주세요.

5

사람들이 친절해지는
마음글

내 마음의 나무 그리기

내 마음의 나무를 그려보겠습니다.

떠오르는 나무의 모습을 간단하고 단순하게 그려주세요.

잘 그리려고 애쓰지 마세요.

이 나무는 어디에 사는 나무일까요?

나무의 이름은 무엇일까요? 이름을 써주세요.

나무는 몇 실일끼요? 나이도 써주 세요.

내 마음의 나무는 내 마음의 날씨를 알려줍니다.

내 마음의 나무가 잘 있는지 자수 명상 해주세요.

내 마음의 날씨

내 마음의 날씨 명상을 하겠습니다.

그려놓았던 내 마음 나무의 모습을 한 번 보세요.

그리고 눈을 감겠습니다.

눈썹과 눈썹 사이에 눈이 하나 더 있다고 상상하세요.

그 눈은 마음의 눈입니다.

마음의 눈은 카메라가 되어 내 나무가 있는 숲의 하늘을 날아갑니다.

내 나무는 어디 있을까요?

찾아보세요.

찾은 분들은 줌인해서 내 나무에게 가까이 가 보겠습니다.

나무를 눈썹 사이에 있는 마음의 눈 카메라로 관찰하겠습니다.

나무의 모양은 어떤가요?

어떤 색인가요?

주변의 날씨는 어떤가요?

나무의 기분은 어떤가요?

관찰해 주시고 느껴주세요.

2분간 관찰하고 느껴보겠습니다.

이제 눈을 뜨겠습니다.

내 마음의 나무는 잘 있나요?

변화된 모습이 있다면 그림으로 그려 주시고

나무의 기분이나 주변 날씨는 내 마음의 날씨에 써주세요.

그림으로 그리셔도 좋습니다.

주제정하기

나를 힘들게 했던 사건이나 사람이 있다면 주제로 정해서 씁니다.

주제가 떠오르지 않는다면 상황 서술하기로 넘어가셔도 됩니다.

주제는 해결하고 싶은 문제들 중에 하나로 정하셔도 됩니다.

평소에 해결하기 어려운(체념하거나 포기한) 문제들을 주제로 글을 써도 좋아요.

갈등 상황 쓰기

나를 힘들게 했었던 감정과 관련된 상황을 떠올려보시고

그 상황에 대해서 구체적으로 서술하겠습니다.

5분간 쓰겠습니다.

내가 어떤 말을 했는지, 상대방은 어떤 말을 했는지...

어떤 일이 있었는지 구체적으로 쓰세요

단, 상대방의 잘못을 탓하는 글은 쓰지 마세요.

혹은 당신이 잘못했다고 탓하고 후회하는 내용도 쓰지 마세요.

그 상황에서 나의 기분은 어땠는지 나의 감정을 찾는데 집중하면서 쓰세요.

상대방이 말할 때 나의 마음은 어땠는지 생각하면서

그 마음에 집중해서 글로 써주세요.

연상되는 장면 쓰기

갈등이 있던 일에 대해 쓰다가

연상되는 과거의 사건이 떠오르면

연상되는 사건이나 느낌에 대해 써보세요.

그때 느꼈던 감정과 기분이 어땠는지 써보세요.

몸의 통증이 느껴지면 통증이 어떻게 느껴지는지 묘사하면서 관찰하고

그 느낌을 써보세요.

5분간 쓰겠습니다.

공감하기

지금까지 쓰신 글 중에서 내 감정이 드러난 형용사나 표현을 찾아서

동그라미를 그리고 밑줄을 치세요.

이제 당신의 이름을 부르면서

"○○야! 네가 이렇게 화가 났었구나

혹은

○○야! 슬펐구나"라고 공감의 글을 써주세요.

내가 그런 감정을 느꼈다는 사실을 무시했다면 나에게 사과하세요.

"○○! 미안하다"라고 이름을 부르면서 사과하는 글을 써주세요.

{   }

감사하기

이렇게 쓰다 보니 어려운 일이 있었는데도

내가 비교적 잘 버티고 있었다는 생각이 듭니다.

내가 많이 참고 노력을 했습니다.

나를 칭찬해 주세요...

이름을 부르며 칭찬하는 글을 써주세요.

칭찬할 일이 떠오르지 않는다면 나의 장점을 인정해 주세요.

그리고 나에게 감사하다는 말을 글로 써주세요.

○○야! 네가 잠이 참 많은 사람인데,

새벽에 일어나 준비를 해줘서 일이 잘 해결됐어.

너는 한다면 하는 사람이구나. 정말 고마워!

이런 식으로 사소한 일이라도 칭찬하는 글, 감사의 글을 써주세요.

진심에서 나오는 감사를 했다면 가슴이 찡해질 거예요.

가슴이 찡해지도록 나에게 감사해 주세요.

이름을 부르며 다시 한번 감사의 글을 써 주세요.

나를 도와준 사람들도 있을 거예요.

그 사람들이 생각난다면 그분들에게 감사하세요.

감사한다고 이름이나 호칭을 부르며 글로 쓰세요.

나를 힘들게 했던 사람도

자세히 살펴보면 잘하는 일이 있고

칭찬할 부분이 있을 거예요. 분명히 있어요.

심지어 나를 도와준 적이 있을 수 있어요.

그런 경우가 있었다면 그 사람에게 감사하세요.

감사하는 마음이 생기지 않는다면

그 사람의 장점을 인정하고 칭찬해 주세요.

이름이나 호칭을 부르며 칭찬하는 글을 써주세요.

이렇게 고마운 분들도 많고 나도 참 잘했습니다.

비우기

이제 다시 내 감정의 무게를 느껴보겠습니다.

처음에 나를 힘들게 했었던 마음의 짐은 몇 Kg이었는지 확인하시고,

지금은 마음의 무게가 얼마나 줄었는지 느껴보고 써보겠습니다.

많이 줄었나요?

덜어낸 감정을 바람에 실어 히말라야산으로 날려보세요.

바다로 보내고 싶은 분들은 배에 실어서 강이나 바다로 멀리멀리 보내세요.

감정을 풍선에 실어 날려보내고 터뜨려보세요.

덜어낸 무게만큼 당신의 마음은 가벼워지고 밝아졌습니다.

나와 갈등하던 사람을 대하기가 한결 편안해질 거예요.

오늘도 참 잘하셨습니다.

선물하기

감사한 분들에게 선물을 주는 시간입니다.

가장 먼저 나에게 감사의 선물을 보내세요.

상자에 선물의 이름을 쓰거나 그림으로 모양을 그리세요.

수신자는 누구인지

언제 받을지

사용법도 설명해 주세요.

6

마음이 가벼워지는
마음글

내 마음의 나무 그리기

내 마음의 나무를 그려보겠습니다.

떠오르는 나무의 모습을 간단하고 단순하게 그려주세요.

잘 그리려고 애쓰지 마세요.

이 나무는 어디에 사는 나무일까요?

나무의 이름은 무엇일까요? 이름을 써주세요.

나무는 몇 살일까요? 나이도 써주세요.

내 마음의 나무는 내 마음의 날씨를 알려줍니다.

내 마음의 나무가 잘 있는지 자주 명상 해주세요.

내 마음의 날씨

내 마음의 날씨 명상을 하겠습니다.

그려놓았던 내 마음 나무의 모습을 한 번 보세요.

그리고 눈을 감겠습니다.

눈썹과 눈썹 사이에 눈이 하나 더 있다고 상상하세요.

그 눈은 마음의 눈입니다.

마음의 눈은 카메라가 되어 내 나무가 있는 숲의 하늘을 날아갑니다.

내 나무는 어디 있을까요?

찾아보세요.

찾은 분들은 줌인해서 내 나무에게 가까이 가 보겠습니다.

나무를 눈썹 사이에 있는 마음의 눈 카메라로 관찰하겠습니다.

나무의 모양은 어떤가요?

어떤 색인가요?

주변의 날씨는 어떤가요?

나무의 기분은 어떤가요?

관찰해 주시고 느껴주세요.

2분간 관찰하고 느껴보겠습니다.

이제 눈을 뜨겠습니다.

내 마음의 나무는 잘 있나요?

변화된 모습이 있다면 그림으로 그려 주시고

나무의 기분이나 주변 날씨는 내 마음의 날씨에 써주세요.

그림으로 그리셔도 좋습니다.

주제정하기

나를 힘들게 했던 사건이나 사람이 있다면 주제로 정해서 씁니다.

주제가 떠오르지 않는다면 상황 서술하기로 넘어가셔도 됩니다.

주제는 해결하고 싶은 문제들 중에 하나로 정하셔도 됩니다.

평소에 해결하기 어려운(체념하거나 포기한) 문제들을 주제로 글을 써도 좋아요.

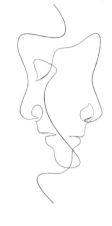

갈등 상황 쓰기

나를 힘들게 했었던 감정과 관련된 상황을 떠올려보시고

그 상황에 대해서 구체적으로 서술하겠습니다.

5분간 쓰겠습니다.

내가 어떤 말을 했는지, 상대방은 어떤 말을 했는지...

어떤 일이 있었는지 구체적으로 쓰세요

단, 상대방의 잘못을 탓하는 글은 쓰지 마세요.

혹은 당신이 잘못했다고 탓히고 후회하는 내용도 쓰지 마세요.

그 상황에서 나의 기분은 어땠는지 나의 감정을 찾는데 집중하면서 쓰세요.

상대방이 말할 때 나의 마음은 어땠는지 생각하면서

그 마음에 집중해서 글로 써주세요.

연상되는 장면 쓰기

갈등이 있던 일에 대해 쓰다가

연상되는 과거의 사건이 떠오르면

연상되는 사건이나 느낌에 대해 써보세요.

그때 느꼈던 감정과 기분이 어땠는지 써보세요.

몸의 통증이 느껴지면 통증이 어떻게 느껴지는지 묘사하면서 관찰하고

그 느낌을 써보세요.

5분간 쓰겠습니다.

{ }

공감하기

지금까지 쓰신 글 중에서 내 감정이 드러난 형용사나 표현을 찾아서

동그라미를 그리고 밑줄을 치세요.

이제 당신의 이름을 부르면서

"○○야! 네가 이렇게 화가 났었구나

혹은

○○야! 슬펐구나"라고 공감의 글을 써주세요.

내가 그런 감정을 느꼈다는 사실을 무시했다면 나에게 사과하세요.

"○○! 미안하다"라고 이름을 부르면서 사과하는 글을 써주세요.

감사하기

이렇게 쓰다 보니 어려운 일이 있었는데도

내가 비교적 잘 버티고 있었다는 생각이 듭니다.

내가 많이 참고 노력을 했습니다.

나를 칭찬해 주세요...

이름을 부르며 칭찬하는 글을 써주세요.

칭찬할 일이 떠오르지 않는다면 나의 장점을 인정해 주세요.

그리고 나에게 감사하다는 말을 글로 써주세요.

○○야! 네가 잠이 참 많은 사람인데,

새벽에 일어나 준비를 해줘서 일이 잘 해결됐어.

너는 한다면 하는 사람이구나. 정말 고마워!

이런 식으로 사소한 일이라도 칭찬하는 글, 감사의 글을 써주세요.

진심에서 나오는 감사를 했다면 가슴이 찡해질 거예요.

가슴이 찡해지도록 나에게 감사해 주세요.

이름을 부르며 다시 한번 감사의 글을 써 주세요.

나를 도와준 사람들도 있을 거예요.

그 사람들이 생각난다면 그분들에게 감사하세요.

감사한다고 이름이나 호칭을 부르며 글로 쓰세요.

나를 힘들게 했던 사람도

자세히 살펴보면 잘하는 일이 있고

칭찬할 부분이 있을 거예요. 분명히 있어요.

심지어 나를 도와준 적이 있을 수 있어요.

그런 경우가 있었다면 그 사람에게 감사하세요.

감사하는 마음이 생기지 않는다면

그 사람의 장점을 인정하고 칭찬해 주세요.

이름이나 호칭을 부르며 칭찬하는 글을 써주세요.

이렇게 고마운 분들도 많고 나도 참 잘했습니다.

{ }

비우기

이제 다시 내 감정의 무게를 느껴보겠습니다.

처음에 나를 힘들게 했었던 마음의 짐은 몇 Kg이었는지 확인하시고,

지금은 마음의 무게가 얼마나 줄었는지 느껴보고 써보겠습니다.

많이 줄었나요?

덜어낸 감정을 바람에 실어 히말라야산으로 날려보세요.

바다로 보내고 싶은 분들은 배에 실어서 강이나 바다로 멀리멀리 보내세요.

감정을 풍선에 실어 날려보내고 터뜨려보세요.

덜어낸 무게만큼 당신의 마음은 가벼워지고 밝아졌습니다.

나와 갈등하던 사람을 대하기가 한결 편안해질 거예요.

오늘도 참 잘하셨습니다.

{ }

선물하기

감사한 분들에게 선물을 주는 시간입니다.

가장 먼저 나에게 감사의 선물을 보내세요.

상자에 선물의 이름을 쓰거나 그림으로 모양을 그리세요.

수신자는 누구인지

언제 받을지

사용법도 설명해 주세요.

7

세상이 나를 비추는
거울로 보이는 마음글

내 마음의 나무 그리기

내 마음의 나무를 그려보겠습니다.

떠오르는 나무의 모습을 간단하고 단순하게 그려주세요.

잘 그리려고 애쓰지 마세요.

.

이 나무는 어디에 사는 나무일까요?

나무의 이름은 무엇일까요? 이름을 써주세요.

나무는 몇 살일까요? 나이도 써주세요.

내 마음의 나무는 내 마음의 날씨를 알려줍니다.

내 마음의 나무가 잘 있는지 자주 명상 해주세요.

{ }

내 마음의 날씨

내 마음의 날씨 명상을 하겠습니다.

그려놓았던 내 마음 나무의 모습을 한 번 보세요.

그리고 눈을 감겠습니다.

눈썹과 눈썹 사이에 눈이 하나 더 있다고 상상하세요.

그 눈은 마음의 눈입니다.

마음의 눈은 카메라가 되어 내 나무가 있는 숲의 하늘을 날아갑니다.

내 나무는 어디 있을까요?

찾아보세요.

찾은 분들은 줌인해서 내 나무에게 가까이 가 보겠습니다.

나무를 눈썹 사이에 있는 마음의 눈 카메라로 관찰하겠습니다.

나무의 모양은 어떤가요?

어떤 색인가요?

주변의 날씨는 어떤가요?

나무의 기분은 어떤가요?

관찰해 주시고 느껴주세요.

2분간 관찰하고 느껴보겠습니다.

이제 눈을 뜨겠습니다.

내 마음의 나무는 잘 있나요?

변화된 모습이 있다면 그림으로 그려 주시고

나무의 기분이나 주변 날씨는 내 마음의 날씨에 써주세요.

그림으로 그리셔도 좋습니다.

주제정하기

나를 힘들게 했던 사건이나 사람이 있다면 주제로 정해서 씁니다.

주제가 떠오르지 않는다면 상황 서술하기로 넘어가셔도 됩니다.

주제는 해결하고 싶은 문제들 중에 하나로 정하셔도 됩니다.

평소에 해결하기 어려운(체념하거나 포기한) 문제들을 주제로 글을 써도 좋아요.

갈등 상황 쓰기

나를 힘들게 했었던 감정과 관련된 상황을 떠올려보시고

그 상황에 대해서 구체적으로 서술하겠습니다.

5분간 쓰겠습니다.

내가 어떤 말을 했는지, 상대방은 어떤 말을 했는지...

어떤 일이 있었는지 구체적으로 쓰세요

단, 상대방의 잘못을 탓하는 글은 쓰지 마세요.

혹은 당신이 잘못했다고 탓하고 후회하는 내용도 쓰지 마세요.

그 상황에서 나의 기분은 어땠는지 나의 감정을 찾는데 집중하면서 쓰세요.

상대방이 말할 때 나의 마음은 어땠는지 생각하면서

그 마음에 집중해서 글로 써주세요.

연상되는 장면 쓰기

갈등이 있던 일에 대해 쓰다가

연상되는 과거의 사건이 떠오르면

연상되는 사건이나 느낌에 대해 써보세요.

그때 느꼈던 감정과 기분이 어땠는지 써보세요.

몸의 통증이 느껴지면 통증이 어떻게 느껴지는지 묘사하면서 관찰하고

그 느낌을 써보세요.

5분간 쓰겠습니다.

{ }

공감하기

지금까지 쓰신 글 중에서 내 감정이 드러난 형용사나 표현을 찾아서

동그라미를 그리고 밑줄을 치세요.

이제 당신의 이름을 부르면서

"OO야! 네가 이렇게 화가 났었구나

혹은

OO야! 슬펐구나"라고 공감의 글을 써주세요.

내가 그런 감정을 느꼈다는 사실을 무시했다면 나에게 사과하세요.

"OO! 미안하다"라고 이름을 부르면서 사과하는 글을 써주세요.

감사하기

이렇게 쓰다 보니 어려운 일이 있었는데도

내가 비교적 잘 버티고 있었다는 생각이 듭니다.

내가 많이 참고 노력을 했습니다.

나를 칭찬해 주세요...

이름을 부르며 칭찬하는 글을 써주세요.

칭찬할 일이 떠오르지 않는다면 나의 장점을 인정해 주세요.

그리고 나에게 감사하다는 말을 글로 써주세요.

○○야! 네가 잠이 참 많은 사람인데,

새벽에 일어나 준비를 해줘서 일이 잘 해결됐어.

너는 한다면 하는 사람이구나. 정말 고마워!

이런 식으로 사소한 일이라도 칭찬하는 글, 감사의 글을 써주세요.

진심에서 나오는 감사를 했다면 가슴이 찡해질 거예요.

가슴이 찡해지도록 나에게 감사해 주세요.

이름을 부르며 다시 한번 감사의 글을 써 주세요.

나를 도와준 사람들도 있을 거예요.

그 사람들이 생각난다면 그분들에게 감사하세요.

감사한다고 이름이나 호칭을 부르며 글로 쓰세요.

나를 힘들게 했던 사람도

자세히 살펴보면 잘하는 일이 있고

칭찬할 부분이 있을 거예요. 분명히 있어요.

심지어 나를 도와준 적이 있을 수 있어요.

그런 경우가 있었다면 그 사람에게 감사하세요.

감사하는 마음이 생기지 않는다면

그 사람의 장점을 인정하고 칭찬해 주세요.

이름이나 호칭을 부르며 칭찬하는 글을 써주세요.

이렇게 고마운 분들도 많고 나도 참 잘했습니다.

{ }

비우기

이제 다시 내 감정의 무게를 느껴보겠습니다.

처음에 나를 힘들게 했었던 마음의 짐은 몇 Kg이었는지 확인하시고,

지금은 마음의 무게가 얼마나 줄었는지 느껴보고 써보겠습니다.

많이 줄었나요?

덜어낸 감정을 바람에 실어 히말라야산으로 날려보세요.

바다로 보내고 싶은 분들은 배에 실어서 강이나 바다로 멀리멀리 보내세요.

감정을 풍선에 실어 날려보내고 터뜨려보세요.

덜어낸 무게만큼 당신의 마음은 가벼워지고 밝아졌습니다.

나와 갈등하던 사람을 대하기가 한결 편안해질 거에요.

오늘도 참 잘하셨습니다.

선물하기

감사한 분들에게 선물을 주는 시간입니다.

가장 먼저 나에게 감사의 선물을 보내세요.

상자에 선물의 이름을 쓰거나 그림으로 모양을 그리세요.

수신자는 누구인지

언제 받을지

사용법도 설명해 주세요.

{ }

부록

감정의 무게 달기

내 감정의 무게를 짐작해서 써 봅니다.

200kg 이내에서 써보세요.

글을 쓰지 않는 날도 날짜를 적고 감정의 무게를 달아보세요.

감정분류	1회	2회	3회	4회	5회
관계갈등					
분노					
불안					
우울					

나의 감정을 확인하는 것만으로도

부정적인 감정의 무게가 줄어드는 것을 느낄 수 있습니다.

6회	7회	8회	9회	10회	11회

그래프로 그려보는 나의 감정/예시

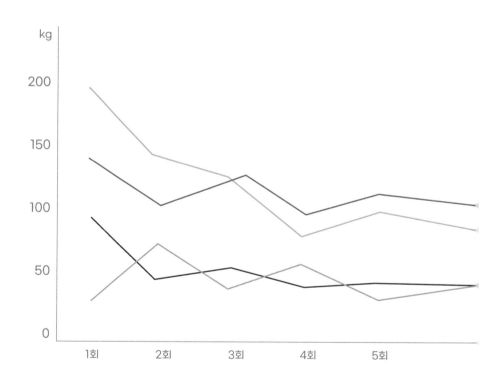

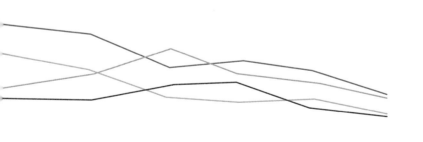

관계갈등 ————————
분노 ————————
불안 ————————
우울 ————————

6회   7회   8회   9회   10회

그래프로 그려보는 나의 감정

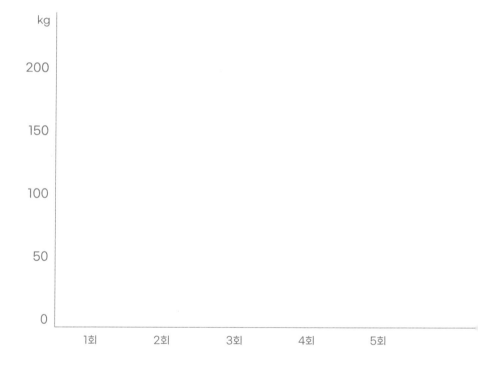

관계갈등
분노
불안
우울

6회 7회 8회 9회 10회

해결하고 싶은 문제 찾아서 정리하기

나를 힘들게 하는 사건이나 사람이 있는지 생각해 보세요.

누군가 나를 지속적으로(반복적으로) 힘들게 하기도 하고 어쩌다 우연한 사건으로

갈등 관계에 있는 사람도 있어요.

- 해결하고 싶은 과제

- 어떤 사람과의 관계가 내가 원하는 방향과 다를 때

- 일상생활이나 회사 생활에서 쉽게 해결이 안 되는 과제

- 병원에 다녀도 잘 낫지 않는 건강상의 문제들을 쓸 수 있어요.

- 기간

- 그 문제가 얼마나 오래되었는지 생각해 보세요.

- 장기간 나를 괴롭혀 온 문제들이 참 많더라고요.

- 감정, 느낌, 행동

- 그 사람을 대할 때, 그 일이 일어났을 때 나의 감정이 어땠는지

  생각해 보고 써보세요.

- 여러 가지 감정이 복합적일 수 있어요

- 그때 나의 행동도 생각해서 써 보세요. 참는지? 화를 내는지?

무엇이 문제라고 생각하나요?	그 문제는 얼마나 오래되었나요?

그 때 나의 감정, 느낌, 행동은 어떤가요?

내 삶의 설계도 예측/예시

김자홍 삶의 설계도

	고난의 내용	깨달음
가정환경	매우 가난한 어린시절을 보낸다. 말못하는 홀어머니와 남동생을 먹여살리는 소년가장의 역할	가난은 죽음만큼 무섭다.
성별/수명	남자/39세 화재현장에서 사망	남자는 가족을 책임져야한다.
국적/사랑	한국/없음	아버지가 없는 아이들은 어린시절이 불행하다.
청소년기	장애인 어머니가 병이 나자 장남인 김자홍은 절망한다. 살아갈 돈이 없으니 어머니를 살해하고 동생과 함께 자살하려고 한다.	모든 생명은 함부로 끊을수 없고 소중하다. 절망적인 상황에서도 희망을 버려서는 안된다.
청년기	소방관이 되어 사람들을 구하며 돈을 벌어 어머니와 동생에게 보낸다. 그렇지만 죄책감 때문에 집으로 돌아가지는 않는다.	사랑하는 사람이 잘 지내면 내 몸이 힘들어도 행복하다. 가장의 마음
중년	일찍 사망함	오늘을 생애 마지막날처럼 소중하게 생각하라
직업	119구조대로써 위험한 상황에서 사람을 살리는 일을 했다. 사고로 먼저 숨진 동료의 딸을 돌보는 등 착한 마음의 소유자.	사람의 생명은 소중하다. 희생의 가치
결론	김자홍은 가족 간의 사랑과 생명의 소중함을 깨닫기 위한 삶이다. 어머니와 동생을 살해하고 자신의 목숨을 끊으려고 했던 것이 잘못임을 깨닫는다. 자신의 잘못을 속죄하며 119구조대가 되어 가족과 타인의 생명을 살리기 위해 자신을 희생하는 삶을 산다. 죽은 뒤에 귀인이 됨으로써 타인을 위한 희생의 가치를 인정받고 환생하게 된다.	

내 삶의 설계도

	고난의 내용	깨달음
가정환경		
성별/수명		
국적/사랑		
청소년기		
청년기		
중년		
직업		
결론		

내 삶의 스토리

내 삶을 영화 시나리오나 웹툰 스토리로 만들어 보세요.

한걸음 뒤에서 내 삶을 들여다보면 내 삶의 설계도에 숨겨진 새로운 가치를 발견하

게 됩니다.

서사적 구성은 시간의 순서대로 스토리가 전개됩니다.

나의 가족 이야기, 출생이나 조상, 고향에 대해 써보세요.

당신은 왜 그곳에서, 그때, 그런 가족들 사이에 태어났을까요?

어떤 개성이 있을까요?

홍경래의 난을 일으킨 홍경래는 왜 한양 출신이 아니라 평안도 출신이었을까요?

홍길동은 왜 서자로 태어났으며 그토록 총명했던 것일까요?

나의 고향, 가족들은 내 삶에 함정을 놓기도 하고, 나에게 용기를 주기도 합니다.

지금 떠오르는 내용이 없는 분들은 그냥 넘기세요.

나중에 떠오른다면 그때 써 보세요.

세상은 나를 비추는 거울이다.

이것은 진심이다.

세상은 나를 비추는 거울이다.

이것은 걸음이다.

{ 나의 일 / 돈과 나의 관계 }

내 삶에서 가장 어려웠던 일은 무엇일까요?

반복되는 부분이 있나요?

가장 어려운 일이나 반복되는 어려움을 겪으며 변화된 나의 생각이나 모습을 정리

해 보세요.

변화된 모습은 전보다 성장했다고 생각되나요?

그렇다면 당신은 성공한 인생입니다.

부족하다면 실망하지 마세요.

다음 생을 설계하며 더 성장한 당신의 모습을 만들어갈 수 있습니다.

새로운 내 인생 설계하기

성장 단계	성별	나라 (외계별)	강점/약점	배워야 할 목표 (지혜/의식수준)	삶의 흐름
1단계					
2단계					
3단계					
4단계					

5단계					
6단계					
7단계					
8단계					
9단계					

내가 다시 태어난다면 : 1단계

획득한 지혜와 능력

내가 다시 태어난다면 : 2단계

획득한 지혜와 능력

내가 다시 태어난다면 : 3단계

획득한 지혜와 능력

세상은 나를 비추는 거울이다.

이것은 진실이다.

내가 다시 태어난다면 : 3단계

획득한 지혜와 능력

세상은 나를 비추는 거울이다.

이것은 진실이다.

내가 다시 태어난다면 : 4단계

획득한 지혜와 능력

내가 다시 태어난다면 : 5단계

획득한 지혜와 능력

내가 다시 태어난다면 : 6단계

획득한 지혜와 능력

내가 다시 태어난다면 : 7단계

획득한 지혜와 능력

내가 다시 태어난다면 : 8단계

획득한 지혜와 능력

세상은 나를 비추는 거울이다.

이것은 건설이다.

내가 다시 태어난다면 : 9단계

획득한 지혜와 능력

마음글

저자 | 홍수정
발행인 | 홍수정

1판 1쇄 발행 2022년 1월 20일
1판 1쇄 인쇄 2022년 1월 18일

펴낸곳 | 도서출판 마음글
전화 | 041-566-7239
주소 | 충남 천안시 서북구 봉서산샛길 65

ISBN 979-11-977332-1-5 02190